AF338440

APPEL

AU

PEUPLE SOUVERAIN,

1834.

Ante omnes, salus patriæ prima lex.

AUXERRE,

DE L'IMPRIMERIE DE GALLOT-FOURNIER.

1834.

AVANT-PROPOS.

Dans le sein d'une grande nation, qui a acquis la connaissance de ses droits légitimes, il se manifeste ordinairement des commotions, des convulsions même, qui pourraient être comparées à celles d'une mer orageuse et irritée, qui menace de destruction les digues élevées pour mettre obstacle à ses irruptions.

Il existe toutefois entr'eux une grande différence; c'est que les peuples sont doués de raison, et seraient dociles à la voix de guides impartiaux qui se présenteraient pour les diriger, leur indiquer la voie la plus directe pour arriver à leur but. Malheureusement, chacun de ces peuples est subdivisé en une infinité de classes dont les intérêts militent continuellement les uns contre les autres.

Le même dissentiment se manifeste parmi ceux qui se présentent pour les conduire au bonheur et à la prospérité : car, la majeure partie de ceux-ci s'occupe bien plus des moyens de parvenir aux meilleurs emplois, et de s'y maintenir, que de la consolidation des avantages acquis à leur patrie.

Comme tous les aspirans ne pourraient prétendre aux mêmes places lucratives, ils consignent leurs opinions dans de gros volumes trop dispendieux pour être à la portée des classes peu fortunées ; c'est uniquement pour l'instruction de ces derniers que je me suis imposé la tâche de tracer en raccourci l'opinion qu'ils doivent former sur l'état actuel des choses, et la ligne de conduite qu'il est de leur plus grand intérêt de suivre.

Le rassemblement de tant d'opinions non-seulement divergentes, mais même diamétralement opposées les unes aux autres dans un État, est assez semblable à ces matières sulfureuseset inflammables que la terre porte en quelques endroits dans son sein. La compression qu'éprouve leur contact est souvent la cause des irruptions terribles qui portent autour d'eux l'effroi et la désolation. Dans ce dernier cas, les lois physiques seules produisent ces effrayans résultats ; mais, dans le premier, il est entièrement sous l'influence des lois morales.

Soyez bien convaincus que votre avenir est entre vos mains. Les conseils que je me permets de vous offrir sont le fruit des connaissances et de l'expérience acquises depuis 80 années d'existence ; mille fois heureux, s'ils peuvent contribuer à consolider le bonheur et la prospérité de notre belle patrie !

APPEL

AU PEUPLE SOUVERAIN.

Je n'entrerai pas dans le détail des circonstances qui précédèrent et furent le résultat de la lutte sanglante et glorieuse, qui a immortalisé les braves Parisiens, dans la grande semaine de Juillet 1830 : elles sont suffisamment connues.

Par suite de l'abdication du pouvoir déchu, les autorités existantes durent se réunir dans la capitale, et se concerter, sans perte de temps, pour donner à la France un gouvernement stable et en harmonie avec ses mœurs et ses besoins. Parmi les diverses nuances d'opinions qui purent alors se présenter à l'esprit de cette auguste assemblée, quatre principales durent tenir le premier rang : 1° la République; 2° la Monarchie élective; 3° la Monarchie basée sur le suffrage universel; 4° enfin le Gouvernement constitutionnel.

Il est à remarquer que d'après les trois premières formes de gouvernement qui parussent être les plus efficaces à opposer à l'arbitraire, le droit d'élection était offert aux classes peu fortunées, comme l'appât le plus séduisant, et la récompense la plus facile qui pussent les tenter au point d'exposer leur vie pour mettre à la disposition d'un Club d'ambitieux le produit des sueurs des contribuables, les trésors de l'État ! Quels sont ces gens si prodigues des faveurs de la fortune, pour s'ériger en distributeurs des droits de l'homme ? D'où leur vient la mission d'en disposer à leur gré? Ils la tiennent d'hommes inconnus, obscurs

la plupart, dont les chefs, (s'ils en ont,) n'ont garde
de se faire connaître.

Je sais que, comme tous les autres journaux, ils
ont la prétention d'être l'expression des vœux du peuple. Quelle confiance pouvez-vous avoir dans des
hommes de cette espèce? Ils ne s'adressent qu'à vous,
classes peu fortunées, parce que, sans vous, ils ne peuvent rien. Quelle garantie peuvent-ils vous donner?
Aucune. Vos bras et votre crédulité sont leur unique
ressource. C'est dans les élections universelles qu'ils
peuvent exercer leur pouvoir éphémère. Imaginez, s'il
se peut, les troubles, les querelles, les convulsions
qui agiteraient notre malheureuse patrie, composée
de plus de 32 millions d'âmes? Pouvez-vous supposer
qu'alors toutes ces factions ne s'armeraient pas, chacune en faveur du candidat de son choix? Comment
pourriez-vous alors vous soustraire aux horreurs d'une
guerre civile?

Ceux qui se disent les défenseurs des droits de
l'homme, affectent une grande antipathie au gouvernement d'un seul homme; d'abord parce qu'il appartient à la famille déchue, ensuite, parce que 15 ou 18
millions de revenu lui sont alloués. Louis-Philippe,
en sa qualité de Bourbon, était naturellement, de
droit, l'héritier présomptif de la couronne, après l'abdication de son prédécesseur. Comme Bourbon, nous
lui sommes redevables de la non-intervention des Puissances étrangères qui avaient déjà formé autour de la
France un soi-disant cordon sanitaire; dans la position
difficile où nous nous trouvions alors par les soulèvemens des différentes factions menaçantes, notamment
dans l'Ouest et le Midi, par la disaffection presque

générale du Clergé qui possède encore une grande influence sur certaines classes de la population; cependant par suite de l'organisation de notre garde citoyenne,
et progressivement de nos braves troupes de ligne sur
le pied de guerre, la tranquillité de l'Europe n'a pas
été compromise, et les troubles intérieurs ont été
promptement comprimés.

Pouvait-on? Devait-on doter le Chef de l'État d'une
manière mesquine? Elevé dans un rang distingué,
l'un des premiers monarques de l'Europe, ne serait-il
pas humiliant pour la France qu'il ne la représentât pas
dignement? Mais, objectera-t-on, il possédait déjà
une fortune colossale! Serait-il donc tenu, pour cette
raison, de faire la guerre à ses dépens? Ne vient-il
pas sans cesse au secours des infortunes? N'a-t-il pas,
tout récemment encore, contribué largement au sou-
lagement des pauvres de plusieurs grandes villes par
une donation de 120 mille francs? N'a-t-il pas, en
outre, une nombreuse famille à établir convenablement
à son rang? Ne serait-on pas fondé à croire ce que le
bruit public dit depuis long-temps, que vous seriez
bien éloignés de considérer cet apanage comme exor-
bitant, si vous pouviez vous substituer à sa place? le
soupçon n'est pas dénué de vraisemblance.

Mais, ce qui doit nous attacher tous au gouvernement actuel, ce sont les garanties de stabilité qu'il
nous offre. Louis-Philippe s'est, non-seulement pro-
noncé d'une manière non-équivoque, lors de l'abdication, mais, sa vie entière a été une protestation
solennelle de ses principes populaires. Ce n'est pas,
enfin, entre les mains des Congréganistes (dont la
plupart sont mitrés), mais, en face des Représentans

qui l'ont choisi au nom de la Nation, qu'il a prêté serment...... de sorte qu'il lui serait presqu'impossible de dévier de la route qu'il s'est tracée lui-même, sans exposer lui et sa dynastie aux plus imminens dangers.

C'était bien là le gouvernement à l'ombre duquel la France pouvait espérer d'être heureuse, et ce fut celui sous lequel elle a éprouvé le plus de soulèvemens, de complots, et de révoltes à main armée que sous aucun des précédens! La cause m'en paraît bien évidente. Je me crois fondé à n'attribuer les rassemblemens tumultueux et les nombreuses révoltes qu'il nous a fallu subir depuis 1830, qu'à la transition trop précipitée, peut-être, d'un règne qui ne tendait qu'à l'arbitraire, à celui que la France a le bonheur de posséder. Cette transition si soudaine a inévitablement mis en éveil toutes les passions, toutes les ambitions;... et elles ne sont pas encore calmées. En second lieu, parce que la France, dans son état actuel, exige des institutions qui doivent être préparatoires à un nouvel accroissement de garanties et de liberté.

Ne faut-il pas que les lois soient préalablement mises en harmonie avec nos institutions? Autrement, ce ne serait pas la nation, mais les ambitions et les factions qui exploiteraient ces bienfaits que l'on réclame. Il est donc urgent que dans la confection de nouvelles lois et dans la révision de celles qui existent, les Législateurs prennent en sérieuse considération que les lois les plus pressantes sont celles qui tendent à réprimer l'immoralité, la mauvaise foi et surtout ce qui menace l'ordre et la tranquillité publique; c'est-à-dire, contre les fauteurs de troubles et les fripons : la partie saine et paisible pourra alors jouir en paix des améliorations promises.

Le mot de liberté est une expression susceptible d'une grande élasticité, et à laquelle chaque individu peut donner divers dégrés d'étendue, suivant ses vues et son intérêt personnel. Les gens de mauvaise foi, les ambitieux sont toujours les premiers a s'en prévaloir, et à tirer profit de cette dangereuse élasticité.

Cependant, la liberté sociale a ses bornes qu'il est très-dangereux de franchir, cette liberté consiste à faire tout ce qui est avantageux au public, et en même temps à soi-même, mais jamais rien de ce qui peut être nuisible à la société en général, ni à aucun individu en particulier. Or, quel mal ne peut pas faire, quels troubles ne peut pas occasionner dans l'État un audacieux écrivain qui s'acharnerait à égarer la population contre le gouvernement établi ? Faut-il que nos institutions soient journellement exposées aux plus grands dangers, parce que certains publicistes s'arrogent le droit de les calomnier de la manière la plus indécente, pour faire mieux ressortir les louanges plus ridicules encore du pouvoir déchu ?

La monarchie constitutionnelle obvie à tous les inconvéniens qui sont à craindre sous les autres formes de gouvernement. 1° Les élections n'ont lieu que dans les cas indispensables, c'est-à-dire, pour le choix des représentans, des autorités municipales et départementales, etc., etc. Elles ne peuvent se faire que conformément aux lois, parmi les plus considérables propriétaires ; car, il est sage de présumer qu'ils doivent être les plus intéressés à maintenir l'ordre à l'intérieur et la paix à l'extérieur de l'État. — 2° La Législation de 1830 a fixé le *minimum* du cens exigible d'impôt annuel, pour jouir du droit d'élection ; mais, elle s'est réservée le droit de l'abaisser encore en temps opportun. J'émettrai le vœu que préalablement la réputation de moralité soit autant que le cens un *sine quâ non* de l'admissibilité.

Un grand pas sera fait vers l'amélioration des mœurs et la stabilité de l'État, lorsque les éligibles seront assujettis aux mêmes conditions, — 3° La liberté de la presse pourra devenir un grand bienfait lorsque certains journaux cesseront de s'écarter, d'une manière si étrange, de la voie qui leur est tracée par nos institutions de 1830 , et qu'ils feront droit (comme ils s'y sont engagés), aux plaintes et aux réclamations des citoyens, quelle que soit l'élévation du rang des coupables, ainsi que je leur en ai donné l'exemple dans ma publication des Vices et Abus des lois Justiniennes. — 4° La propagation de l'instruction dans toutes les classes pauvres, de manière à les rendre aptes à des occupations moins pénibles que celles auxquelles elles seraient sans cela forcées de se livrer. Je ne vous signalerai pas les grands avantages qui vous ont été acquis depuis et par la révolution de 89, tels que : l'égalité aux yeux de la loi , l'organisation du jury , des autorités municipales et départementales, les bienfaits dont a été dotée l'immense et intéressante population des campagnes, tels que l'abolition des corvées, dîmes, cens et droits seigneuriaux sans nombre, etc. , etc., qui leur a été conservé intact , et dont la jouissance leur a été assurée d'une manière plus solide et plus stable en 1830.

Ce n'est certainement pas parmi ces braves et intéressans cultivateurs que les factions peuvent espérer de trouver des dupes. Ils connaissent mieux leurs intérêts qui consistent à conserver les avantages qu'ils ont acquis, et qui courraient de grands dangers dans une nouvelle révolution. Quelle infatuation que de vouloir donner aux classes pauvres des prétendues améliorations qu'ils sont bien éloignés de désirer! Ce ne sont pas ces classes qui réclament, ni des suffrages universels, ni abaissement du cens électoral, ni l'admission aux emplois, etc., etc. Je ne suis pas initié et je ne désire nullement de l'être, au genre d'améliorations que vous avez l'intention de leur procurer. Ce n'est pas, à coup sûr, dans le genre politique, car je suis bien convaincu que cela ne les satisferait nullement. Ils ont assez de bon sens pour être persuadés que, dans tous les États, il faut qu'il y ait des gens de travail, et tout autre douceur ne pourrait leur être accordée qu'en puisant dans les bourses des classes aisées de la société: vos intentions sont assez conformes à mes prévisions. Si vous possédez des moyens auxquels sans doute personne n'a jamais pensé, il faut qu'ils soient bien puissans pour vous autoriser à dire que l'insurrection est le plus sacré des devoirs! Et moi aussi, il fut un temps où cette maxime était une de mes professions de foi politique. Mais, ce n'était que dans le cas où une nation était opprimée par un despote et un tyran. Je l'aurais envisagée comme un grand crime sous le règne d'un prince qui, loin d'être arbitraire, ne veut gouverner que par les lois. Dans ce dernier cas, ce n'est plus au monarque que vous devriez vous en prendre, mais aux lois qui sont émanées du peuple souverain; car, un peuple est souverain dès qu'il est affranchi de l'arbitraire, et qu'il n'est soumis qu'à l'empire des lois. Par qui les lois sont-elles mises en vigueur?

Par les représentans de la nation. Refuser de s'y soumettre, c'est se révolter contre ses propres décrets ; c'est exprimer indirectement une intention hostile à la liberté ; c'est, en un mot, proclamer son adhésion au gouvernement d'un despote. Qu'importe à certaines gens qui gouverne, pourvu qu'au résultat ils aient leur part du butin. On sait que, dans de pareils cas, les chefs des associations hostiles ne manqueront pas de voiler leurs motifs personnels ; de donner à leurs actes des prétextes spécieux, plausibles mêmes, de leur rébellion. Mais, si nous jetons un coup-d'œil scrutateur sur ceux qui s'en déclarent les chefs, il nous sera facile de découvrir le véritable but auquel ils tendent.

Nous découvririons alors dans quelques-uns un dépit secret causé par le désappointement qu'ils ont éprouvé en tombant en disgrâce, après avoir été en grande faveur. Nous en distinguerons un qui, peut-être, espérerait devenir ministre de la guerre, ou président du Conseil ; un autre auquel la place de garde des sceaux conviendrait parfaitement, etc., et ainsi des autres qui se contenteraient aisément des emplois les plus lucratifs, soit au ministère, soit dans les directions, jusque dans les humbles préfectures ; etc., etc.

Notre Monarque constitutionnel s'est noblement voué au bonheur de son peuple et à sa prospérité. L'un et l'autre disparaîtront du moment qu'il se séparera de lui. Nous n'aurons plus aucune garantie contre les invasions des grandes puissances ; la liberté sociale dont nous sommes en pleine jouissance s'évanouira comme un songe, et notre belle patrie sera transformée en une immense carrière, où les factions s'escrimeront chacune en faveur de leurs clubs respectifs, et partout nos sillons seront engraissés de leur sang : les vautours de tous les États limitrophes viendront remplacer les populations égorgées, et dévorer la chair des cadavres qui couvriraient vos campagnes. Les factions ne cesseront de se succéder jusqu'à ce que les despotes, venant à votre secours, rétabliraient sur le trône la famille déchue ; vous seriez enfin réduits à considérer cette troisième restauration, comme le plus grand des bienfaits, au point que le mot même de *liberté* vous ferait horreur.

Maintenant que je vous ai exposé avec franchise le tableau des principaux avantages que le gouvernement constitutionnel vous assure, je ne saurais vous laisser ignorer les additions qui lui deviennent indispensables pour compléter la tâche que je me suis imposée, et sans lesquelles la France ne peut jamais atteindre le haut degré de bonheur et de prospérité qu'elle a le droit d'espérer, et qui lui ont été promis.

Sans doute, nous ne devons jamais nous écarter du respect et de l'obéissance que nous devons aux lois ; mais aussi, il est de la plus rigoureuse nécessité que ces lois ne cessent jamais d'être conformes à la plus stricte équité, exemptes de ces faux-fuyans qui exposent trop souvent la cause la plus juste, à être sacrifiée à la cupidité de la fraude et de l'iniquité, à être frappées de nullité, sous de futiles prétextes et de vaines formalités..., etc., etc. Comme je l'ai démontré dans mon dernier ouvrage intitulé : *Vices et Abus des lois Justiniennes*, qui déshonorent encore, en 1834, notre Législation !!

J'ai donné des preuves irréfragables, dans l'ouvrage

que je viens de citer, que cette loi, qui inflige des peines infamantes pour certains délits, contient en même temps des articles qui, suivant les cas, (et surtout quand le coupable appartient à la classe judiciaire, ou protégée par elle,) transforment ce délit en cause purement civile, c'est-à-dire, qui n'est plus contaminatoire. — Les lois romaines offrent les mêmes doubles poids et doubles mesures, dans la plupart de leurs décisions sur la propriété; sur les donations, testamens, achats, ventes et échanges, etc., et c'est à ces incertitudes que les avocats sont le plus souvent redevables de leur célébrité; car c'est avec leurs secours seuls qu'ils font triompher les causes iniques, et parviennent souvent à ruiner de fond en comble d'estimables familles qui sont victimes de leurs sophismes et de leur infernale chicane.

Non, ce ne saurait être à l'obéissance de pareilles lois que nos Législateurs ont voulu nous assujétir. Quelle doit être l'inévitable conséquence d'une aussi vicieuse Législation?

L'immoralité, la mauvaise foi et tous les vices sortent souvent en triomphe des tribunaux, et la probité succombe! Il semblerait que la déception et l'escroquerie eussent été transformées en autant de nouvelles industries, et que les lois pénales n'ont de pouvoir que contre les dupes de la mauvaise foi. C'est ici une bien grande lacune dans notre Législation; mais, il en est une autre qui ne mérite pas moins toute notre attention, et qui est la source des plus grands fléaux dont l'état social puisse être affligé, c'est la dépravation des mœurs, qui fait des progrès si alarmans dans toutes les classes, parce qu'elles y sont encouragées par les lois qui leur offrent tant de chances favorables dans la carrière de la déception.

Aucun gouvernement ne peut prospérer, ni même long-temps subsister sans moralité : aussi, son absence se fait sentir bien plus fortement dans les État libres que dans aucun autre. Le despote ne manque pas de moyens pour faire exécuter ses volontés, ses caprices même les plus étranges ; mais, le chef d'une nation libre n'en possède aucun, puisqu'il ne peut exercer de contrôle, pas même sur un simple particulier, que pour le contraindre à obéir aux lois en vigueur. Or, il n'en existe aucune qui enjoigne aux citoyens de se soumettre aux exigences de la moralité. Il ne s'ensuit, cependant, pas de-là que la saine morale ne puisse jamais s'introduire et se fixer dans une nation libre : je soutiendrai même, qu'il n'existe aucun sol dans lequel elle puisse croître, et pousser de plus profondes racines que sous l'ombre d'un gouvernement libre ; mais, toute précieuse, toute indispensable qu'elle soit au bien-être et à la prospérité d'une nation, il faut qu'elle soit transplantée et en quelque sorte naturalisée d'une manière légale ; c'est-à-dire, qu'elle ne pourrait se multiplier dans ce terrain fécond que sous la protection des lois ; et que, conséquemment, il devrait être ajouté, aux sept codes qui existent déjà, un huitième, sous la dénomination de *Code moral.*

Les peines infligées aux contrevenans devraient être rarement infamantes ou contaminatoires, mais se borner seulement, d'abord aux avertissemens ou aux réprimandes, ensuite, pour les récidives, et suivant la gravité des cas ; suspension de leurs fonctions pendant un temps plus ou moins long ; celle des droits civils même pour un temps également limité, suivant l'exigence des cas, sans préjudice aux peines portées par les lois existantes contre des contraventions plus graves. Il serait aussi essentiel, dans un pays libre, que la réputation d'une saine moralité fût exigible pour être admis à un emploi quelconque, surtout de la part de ceux auxquels sont confiés les soins des propriétés, et les intérêts publics ou privés.

Je crois qu'il serait aussi très-sage qu'aucun de ces emplois ne fût confié à des gens imberbes, et qu'ils ne fussent pas transmissibles à leurs héritiers, ni vendus au profit du fisc; ils ne devraient être accordés qu'à la probité.

Mais, j'aborde un sujet trop vaste, et qui remplirait des volumes. Je me résume dans l'action gouvernementale; une nation peut être comprise sous deux catégories: *les Oppresseurs et les Opprimés*. Les lois répressives ne sont faites que contre les premiers. Ne serait-ce pas une effrayante aberration si, dans l'exercice de ces lois, les opprimés en devenaient les victimes? D'ailleurs, je me suis assez étendu sur ce sujet dans ma production contre les vices et abus de la loi romaine qui nous régit, et contre leur injuste application.

Aussi, toutes les classes judiciaires s'opposent de toute leur force à sa publicité, parce que j'ai soulevé le voile qui cachait leurs iniquités depuis si long-temps.

Honneur soit à jamais rendu aux mœurs et à la probité, guerre éternelle à l'immoralité et à la mauvaise foi!..... Telle sera toujours ma devise!...

Pour doter notre régime constitutionnel d'améliorations désirables, je ne pense pas que celles promises par la charte soient les plus pressées. Je désire autant que qui que ce soit que la France les obtienne ; mais, il est, ce me semble, de toute nécessité qu'elles soient précédées par d'autres, sans lesquelles il est probable qu'elles pourraient devenir funestes. Les nombreuses et terribles perturbations qu'il nous a fallu subir depuis 1830, ne doivent pas être des leçons perdues. Remarquons aussi que le plus spécieux argument de ces publicistes, qui se donnent pour les oracles de la nation, rejetait la cause de la révolte des 5 et 6 juin sur l'imprévoyance de nos institutions, qui n'avaient pas pourvu à la répression d'un aussi grand crime, celui de compromettre la sûreté et l'existence de l'État. Comme je doute que cette immense lacune ait été remplie, je regarde comme indispensable que la Législation y pourvoie avant tout, si nous ne voulons pas être exposés à l'intérieur à des perturbations plus graves encore que par le passé.

J'admets que les neuf dixièmes de la population sont sincèrement attachés au gouvernement actuel ; qu'ils ont même un religieux respect pour les mœurs et la bonne foi ; mais l'on conviendra que la minorité, composée au plus d'un dixième, est beaucoup plus active et plus entreprenante. Constamment encouragée par l'ambition, animée par l'espoir de l'avancement rapide qu'on lui a fait entrevoir, elle se multiplie en quelque sorte. Aucun moyen ne doit être négligé pour mettre un frein à son audace ; il n'y en a point d'autre que la sévérité des lois, et celles-ci ne doivent pas hésiter à établir une Législation qui les contienne : autrement notre régime actuel est continuellement en danger. Quoi! il existerait des lois pour punir les crimes et les délits qui ne sortent pas du droit commun, et il n'y en aurait pas contre ceux qui menacent l'État de ruine! Ce serait une inconcevable anomalie. Croirait-on que les lois sévères fussent incompatibles avec la nature du gouvernement constitutionnel? Impossible : car, ce serait alors déclarer qu'il fut le seul auquel il ne fut pas permis de veiller à sa propre conservation; alors ce gouvernement, le plus parfait de tous, deviendrait bientôt en horreur à ses plus zélés défenseurs. Mais non, les bons et paisibles citoyens savent tous qu'ils ne peuvent jamais avoir rien à redouter de la sévérité des lois, et qu'elles ne sont faites que pour assurer leur tranquillité. C'est uniquement contre les perturbateurs du repos public qu'elles peuvent être mises en vigueur.

Qu'un code moral soit alors promulgué; que le Monarque soit autorisé, ou une Commission créée, à laquelle les citoyens puissent avoir recours contre les autorités dont ils auraient à se plaindre, et surtout contre la classe judiciaire, où la corruption est la plus générale et la plus enracinée.

Alors, et seulement alors, devraient être accordés ces accroissemens de liberté promis il y a quatre ans. Mais, plus tôt, ils ne serviraient qu'aux perturbateurs du repos public, et par suite deviendraient un intolérable fléau pour tous les citoyens paisibles et les amis sincères de la patrie.

Patrie et *liberté* ne sont assurément pas de vains mots; mais, avec eux, on égare souvent les mieux intentionnés. Elles ont de faibles moyens pour récompenser des services rendus, et laissent souvent mourir de

faim leurs plus dévoués adorateurs. Il n'existe de per-
spective solide pour tous que dans les États pourvus
de pouvoirs légitimement constitués. Ailleurs, on ne
peut s'attendre qu'à l'exil, à la prison, et même aux
échafauds lorsqu'on s'expose à lutter contre eux.

Jeunesse égarée, vous ne ressemblerez pas au chien
de la fable qui, portant sa proie, au passage d'une
rivière, trompé par l'ombre de la sienne la lacha im-
prudemment pour saisir celle qu'il voyait au fond de
l'eau. Non, vous ne vous laisserez pas égarer à ce
point par les imputations évidemment mensongères,
et les calomnies atroces vomies journellement par des
ambitions déçues : non vous ne tomberez pas dans le
piége maladroit qui vous est tendu. Supposons même
pour l'instant, que ces ridicules et dégoûtans men-
songes fussent d'incontestables vérités, il n'est guère
possible qu'elles pussent avoir un effet destructif pour
la monarchie constitutionnelle. La charte de 1830 ne
ressemble nullement à celle de 1814 ; celle-ci rédigée,
peut-être, à Saint-Acheul et imposée à la France par
ses plus implacables ennemis, portait dans son en-
semble les germes de sa propre destruction.

Celle de 1830 au contraire, consentie et rédigée,
d'un commun accord, entre les deux grandes parties
contractantes, le Monarque et la Nation, est un pacte
synallagmatique dont les conventions cessent d'être
obligatoires pour les parties, du moment que les
conditions stipulées ne sont pas fidèlement exécutées.
Elles n'ont pas été octroyées par l'une des parties à
l'autre, et conséquemment ne sont pas révocables à
volonté ; mais elles ont été réciproques. Chacune
d'elles s'est solennellement engagée à leur stricte exé-

cution; les garanties qu'il offre sont d'autant plus
solides qu'il n'est guère possible qu'un Monarque qui
l'aurait contracté put échapper aux dangers imminens
auxquels il s'exposerait lui-même, ainsi que sa dynastie entière, s'il était assez imprudent pour s'écarter en
aucune manière du pacte consenti.

Mais pourra-t-on m'observer, les rois sont si géné-
ralement avides d'*omnipotence*, et ils ont tant de
moyens pour parvenir à leurs fins, qu'il est peu sage
de s'y fier. En thèse générale, cette observation est
fondée. Je n'hésiterai même pas à ajouter que depuis
le trône jusqu'aux plus humbles classes des citoyens,
l'on trouverait à peine un homme sur notre globe qui
ne désirât pas d'acquérir, chacun dans sa sphère, une
prééminence, une supériorité, une distinction sur
ceux de sa classe. D'après cette incontestable vérité,
je laisse à juger par la France, si elle peut s'attendre
à rencontrer parmi le grand nombre d'aspirans au
pouvoir, beaucoup d'hommes, ni même un seul de
ceux qui se déclarant être les plus zélés partisans des
droits de l'homme, les plus dévoués à l'amélioration
du sort des classes pauvres, ne le soient bien plus
encore à leur ambition et à leurs intérêts personnels,
et quiconque en douterait ou affecterait d'en douter,
je les conjurerais de considérer avec attention, et
l'activité avec laquelle ils s'agitent, et leur levée de
boucliers dans la rue des Prouvaires, leur sanglante
échauffourée des 5 et 6 juin, et de tant d'autres
émeutes et rassemblemens coupables qui ont déshonoré
notre glorieuse révolution de Juillet. Quel était leur
but? Quel résultat ont-ils obtenu? Ils ont répandu
l'alarme parmi tous les bons et paisibles citoyens,

dans le commerce et les industries. C'est déjà un bien grand mal; mais, ce qui en est un bien plus grand encore, c'est l'impunité qui accompagne leurs méfaits, et qui ne peut que les encourager dans leur révolte, si une sévère répression ne leur est pas incessamment opposée.

Quant à moi, je me contenterai de répondre à tous les sophismes, à toutes les subtilités de l'école : *ante omnes, salus patriæ prima lex*.

Rappelons-nous l'époque et les circonstances qui précédèrent les opérations de nos Législateurs, alors qu'ils eurent à s'occuper de notre sort à venir; ce fut au moment même auquel nous n'échappâmes que par un espèce de miracle, au joug arbitraire que le pouvoir cherchait à nous imposer. Il est facile à concevoir alors que l'on se soit aveuglé au point à n'entrevoir dans la population entière que des Français paisibles, dévoués au bonheur de leur patrie et reconnaissans pour les bienfaits qui venaient de leur être assurés. Fatale illusion! qui n'a été dissipée que par une expérience plus fatale encore; le sang français a coulé, et il a été versé par des mains françaises. Cette faction altérée de sang, a prouvé qu'elle ne répugnait nullement à une propagande à coups de sabre, et sa coalition avec les partisans du despotisme déchu, doit nous avoir convaincu qu'elle n'a aucun égard pour les principes.

Cessez, Messieurs, de vous déchaîner contre le retard que vous pouvez éprouver à ce recouvrement des bienfaits promis dans la charte, ce sont vos complots, c'est votre audace qui l'ont provoqué; il n'est personne, si peu clairvoyant qu'il puisse être, qui ne soit persuadé que c'est uniquement à votre profit que vous paraissez désirer si ardemment un surcroît de liberté. Vous espérez trouver l'impunité de vos forfaits dans les arguties d'un Barreau.

Vous direz, peut-être, que la qualification de forfait est trop forte. Non, notre langue n'a pas d'expression assez énergique pour qualifier vos attentats, à quel crime du droit commun peut-on assimiler ces derniers qui ne s'expient que par des peines ignominieuses. Quoi! Jouiriez-vous du privilége exclusif de remettre tout en doute? de répandre l'effroi dans la France entière? d'armer les frères contre les frères, les fils contre leur père? Qui peut vous autoriser, vous avoir donné mission de détruire l'œuvre de la nation entière? œuvre immortelle qu'elle a érigée de ses propres mains, en 1830. C'est donc contre elle que vous conspirez, et les absurdes calomnies que vous vomissez sans cesse contre le Monarque s'adressent directement à la France, parce que le véritable but de toutes vos manœuvres est évidemment de la prévenir contre lui. D'après les honteux moyens et les impostures qui vous sont familières, vous ne manquerez pas, probablement, de dire, que je suis personnellement intéressé à la conservation du Monarque qui nous régit. Non, vous êtes encore dans l'erreur, lisez mon dernier ouvrage intitulé, *Vices et Abus du Code justinien*. Vous y verrez que, plus qu'aucun de vous, peut-être, j'ai comparativement des motifs de m'en plaindre, et surtout de deux de ses Ministres; dont l'un m'a (en qualité de mon Conseil) perdu toutes les pièces d'un procès, par lequel je me vois dépouillé de plus de 150 mille francs, et l'autre me refuse le paiement de 17 mois de solde, quoiqu'il possède depuis vingt ans, dans ses bureaux, toutes les pièces justificatives de mes services actifs d'alors. Mais je suis invariablement lié au bonheur et à la prospérité de ma patrie, que j'ai cru, après tant d'orages et de traverses, arrivée enfin au port en 1830; et cependant menacée de nouveaux désastres par des clubs de factieux qui ne peuvent que la pousser dans de nouveaux dangers plus à craindre que ceux auxquels elle a été depuis si long-temps exposée.

PARISOT.

L'ouvrage cité par l'Auteur est un *in-8°*, intitulé : *Vices et Abus des Lois Justiniennes*. Cette brochure, sans être très-volumineuse, embrasse une variété de sujets de la plus haute importance, qu'il semble, non sans raison, considérer comme les plus puissans obstacles qui s'opposent au développement et à la stabilité de la Monarchie constitutionnelle : sous ce rapport, il me semble qu'il aurait pu donner à sa production un intitulé plus avantageux.

Elle est dédiée aux deux Chambres, et cette circonstance, jointe à quelques passages du même ouvrage, font présumer que l'Auteur se proposait de lui donner l'effet d'une pétition aux Chambres, tandis qu'il aurait dû les séparer, et n'en faire qu'une pour chaque objet différent, d'ailleurs les Administrations ont presque toutes emprunté des tribunaux certaines formalités qui ne sont nullement du goût de l'Auteur ; parce qu'il arrive souvent, observe-t-il, que l'omission de quelques-unes de ces formalités suffit pour annuler les décisions les plus impérieuses de la loi.

Il s'appuie sur l'autorité du célèbre Fénélon, dont les opinions, en effet sont, on ne peut plus, sévères contre les lois romaines qui nous régissent. Il s'élève avec force contre les perturbations, les révoltes et les conspirations que nous avons eu à subir depuis 1830 ; il paraît persuadé qu'elles tirent toutes leur origine de la faction légitimiste, et sont soudoyées par elle.

Les écarts du Clergé sont ensuite vigoureusement condamnés; mais il n'invoque pas contre eux, comme contre les Factions, la sévérité des lois; il propose seulement que des temples soient élevés à la pure morale évangélique pour remplacer le vide alarmant qu'occasionne cette étrange aberration du Clergé. Puis revenant aux lois, qui semblent être son principal point de mire; il appelle à grand cris la révision de celles qui ont rapport à la propriété, et propose la création de nouveaux tribunaux d'arbitres et d'équité, à l'usage des campagnes et des classes pauvres, où les causes minimes, qui surviennent le plus communément entre eux, seraient jugées par des arbitres choisis par eux et parmi eux dans chaque commune et dans une assemblée présidée par le Maire. Chaque commune devant en fournir un certain nombre, en proportion de sa population entre les plus instruits, les plus probes et les plus moraux de leurs habitans. Ceux-ci devraient se réunir tous les dimanches, au nombre de 5, au chef-lieu de canton, avant ou après le service divin; chaque partie en nommant un égal nombre, et qui nommeraient le Président du tribunal chargé de juger le différent. Suit l'organisation et les attributs de ces arbitres, etc., etc., etc. Au résultat, cette immense et intéressante partie de la population, si honteusement oubliée jusqu'ici, verrait les différens qui s'élèveraient entr'eux jugés par leurs propres pairs, à peu de frais et en peu de temps, les arbitres étant tenus, dans leurs décisions, de ne s'attacher qu'au seul point de fait, sans aucun égard au point de droit, ni à aucune de ces arguties et formalités, etc., etc., qui font si souvent le désespoir de la probité et le triomphe des fripons.

L'Auteur présume qu'outre les tribunaux des chefs-lieux de département qui seraient conservés, il résulterait de la suppression de tous les autres une économie réelle de près de 500 tribunaux qui, étant supprimés, offriraient, par suite des extinctions, une réduction des dépenses du trésor.

Mais il est impossible de se former une idée juste de l'ouvrage, à moins de le lire et de l'étudier.

Il se trouve à Auxerre, chez *Gallot-Fournier*, imprimeur-libraire; et chez l'Auteur, *Parisot*, rue des Grands-Jardins, même ville.

9 782011 766090